MY HAPPY BOOK

Kathy Knowles

I am happy when I take my bath.

4

I am happy when I catch the ball.

I am happy when I see my friends.

I am happy when I cook with my sister.

I am happy when I drink coconut water.

I am happy when I run on the beach.

I am happy when I read a book.

I am happy when I see a beautiful flower.